12
7

7
23
1000
100

AUTO

0
11
31
02
32
6
91
6
20
2
8
2
3
100
10

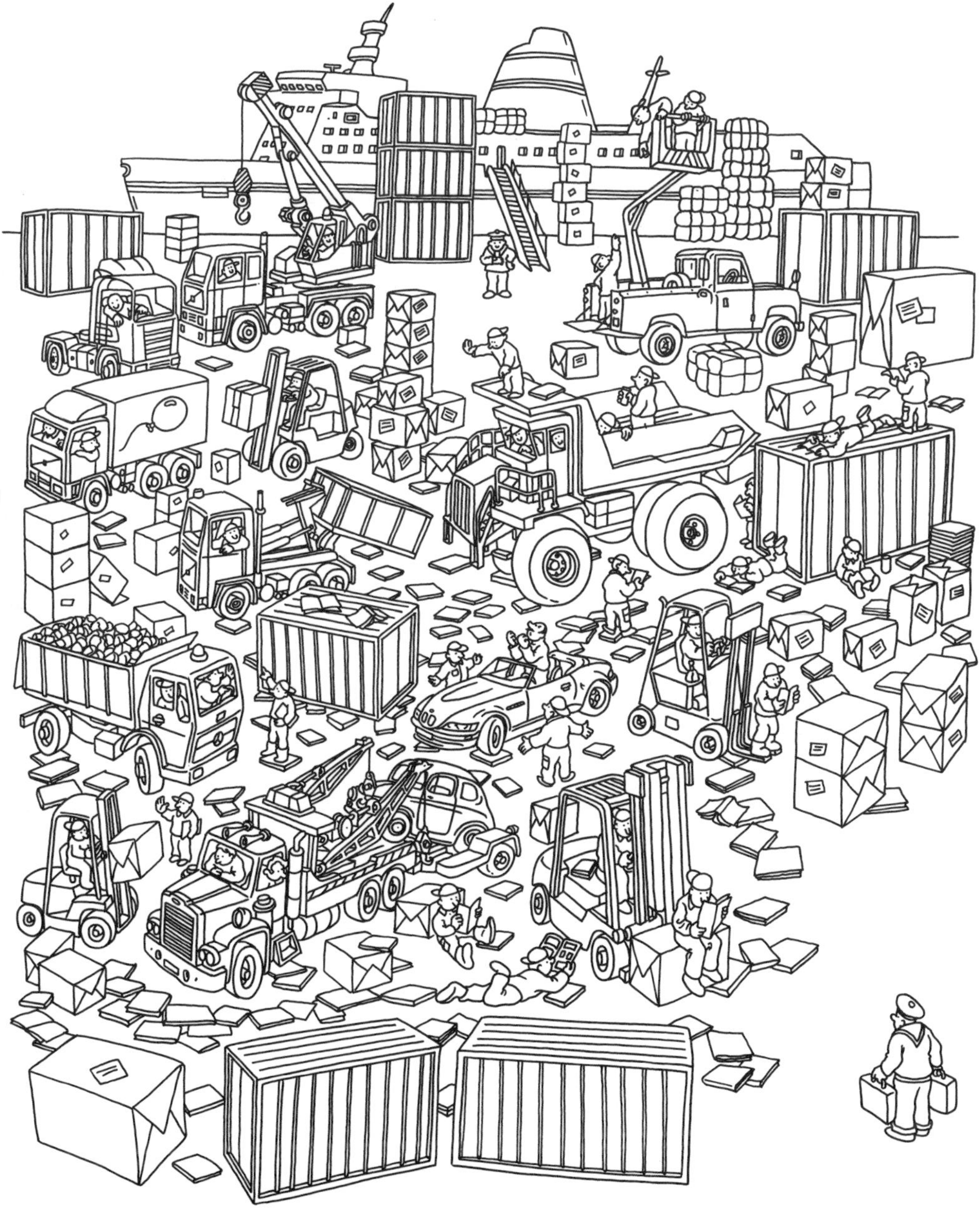

8
7

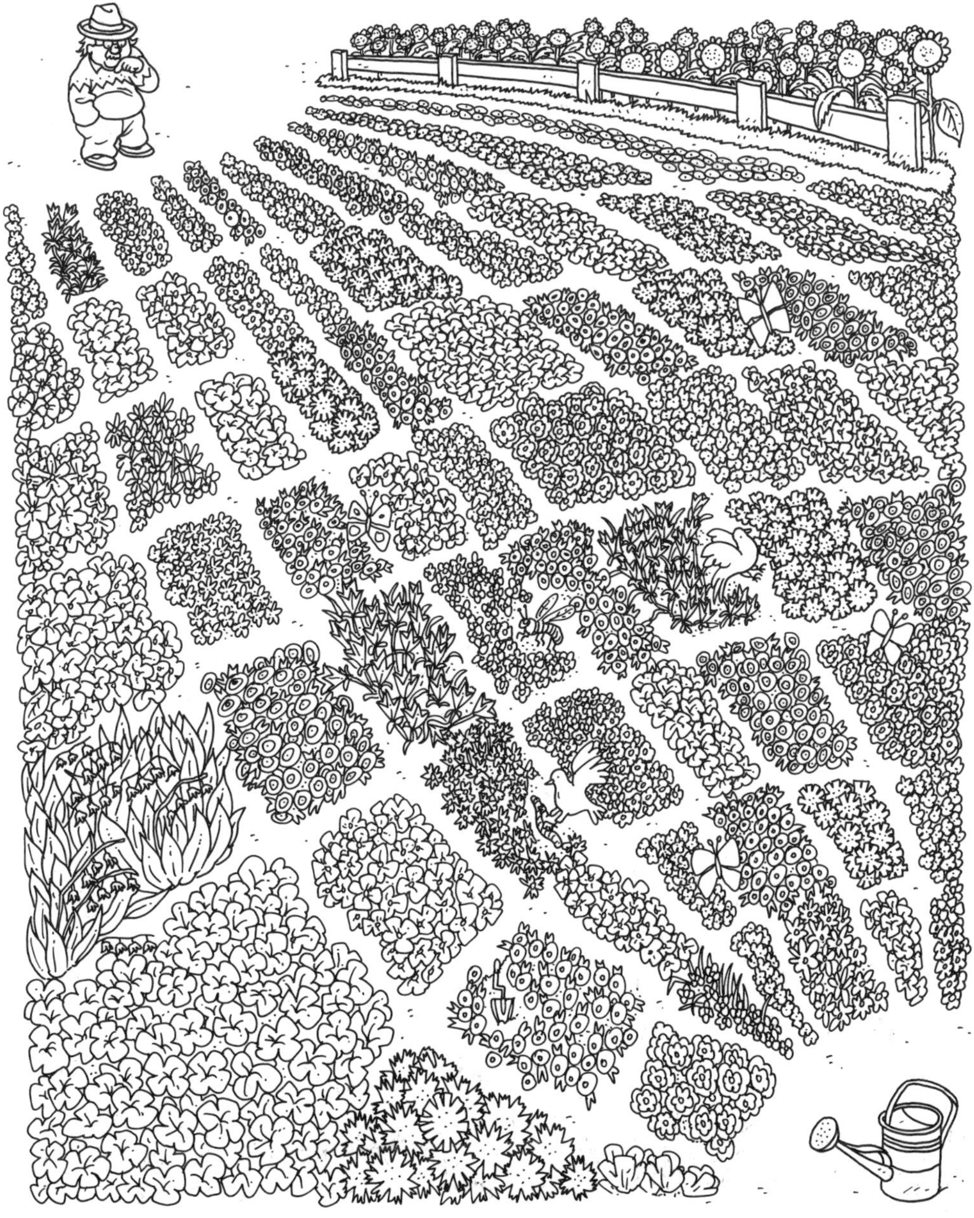

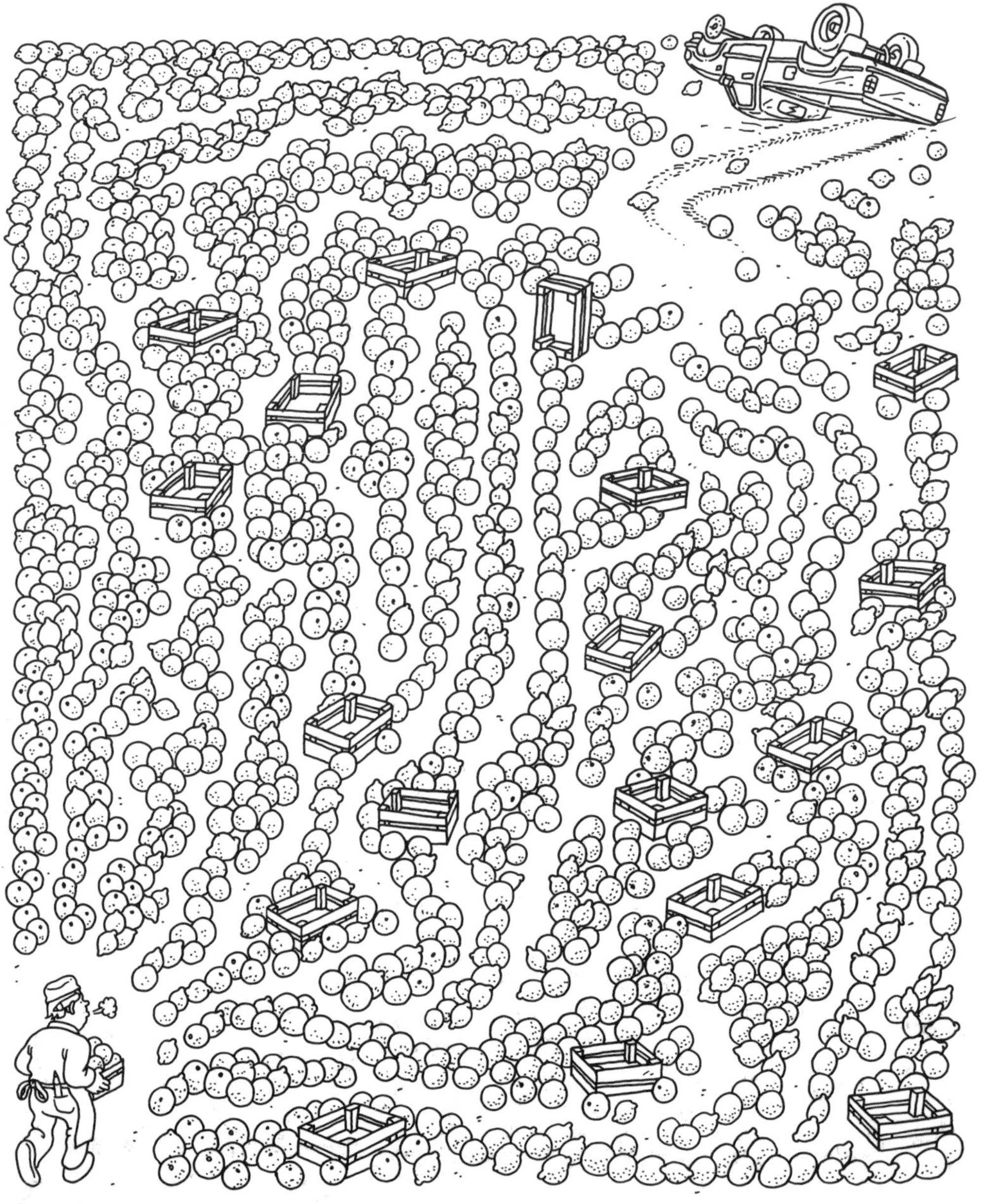

ELVIS

ML W

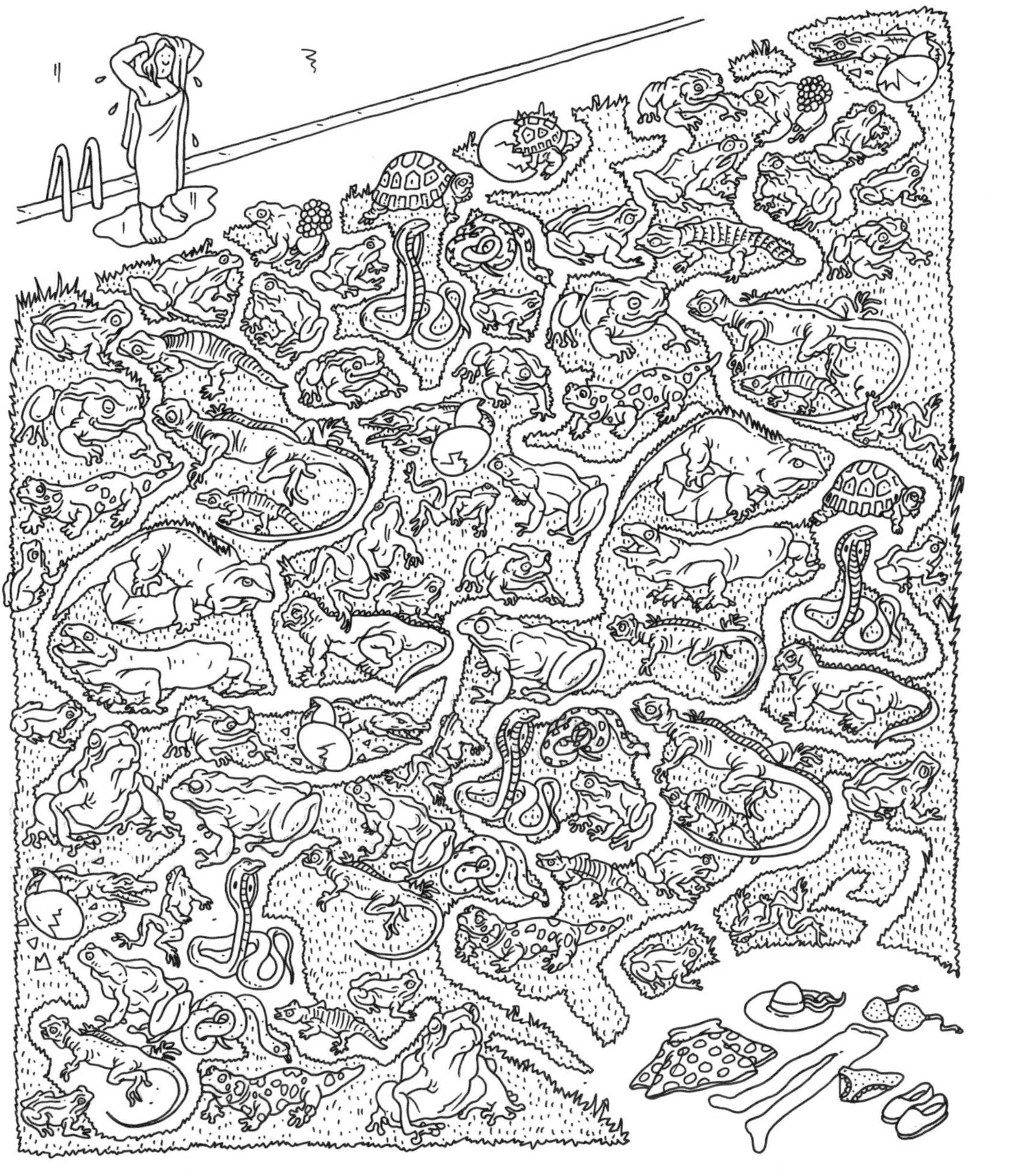

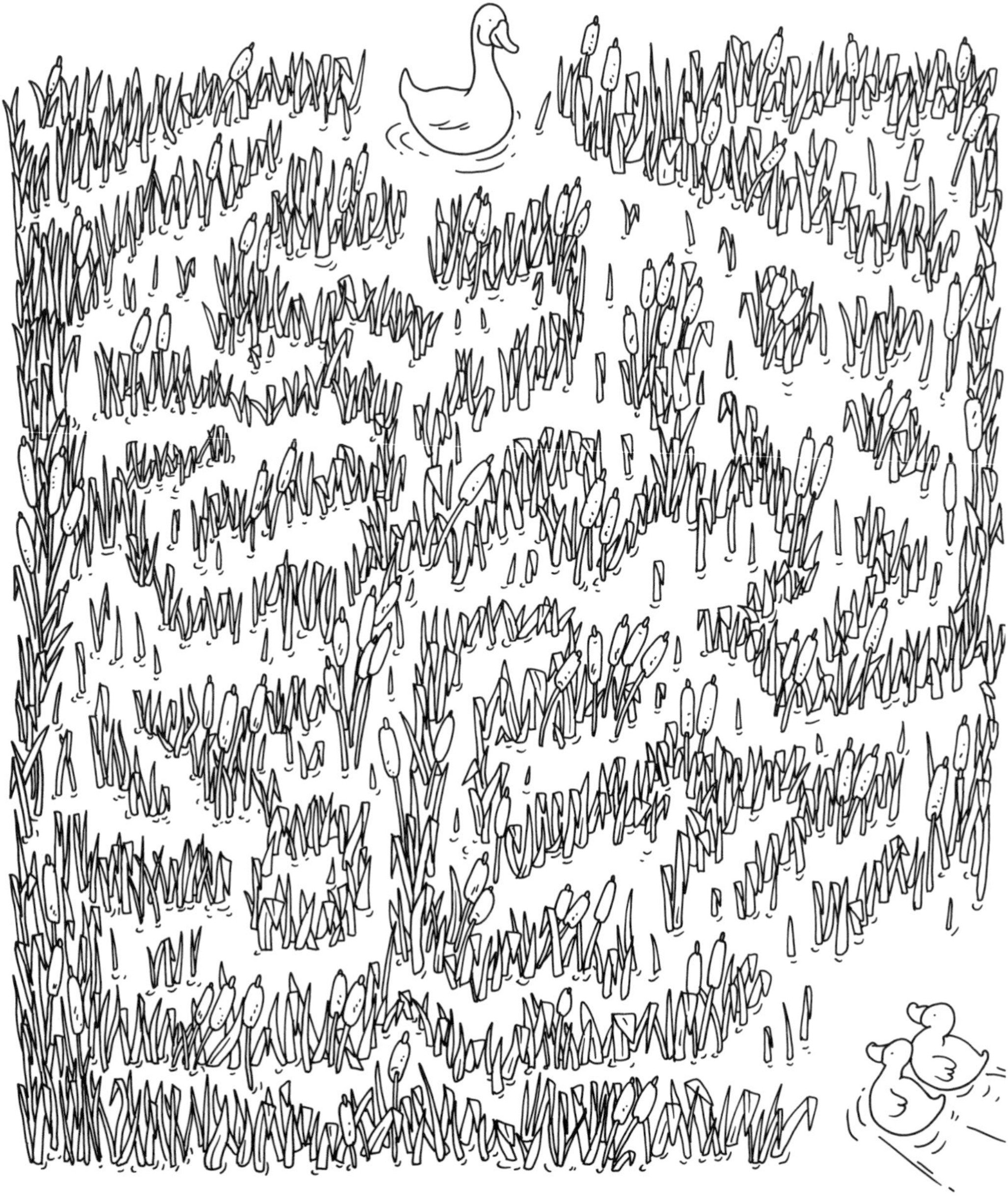

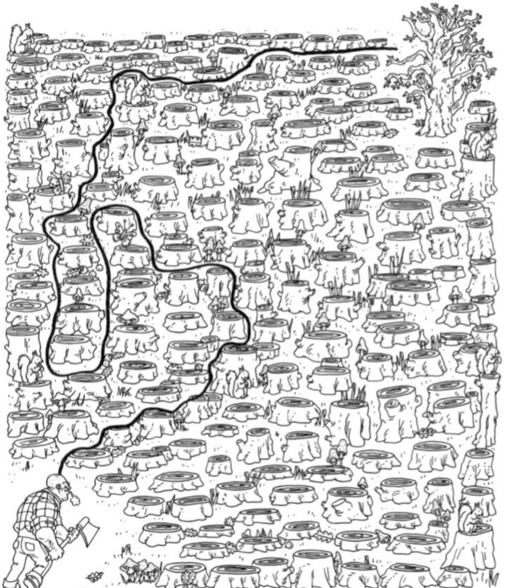

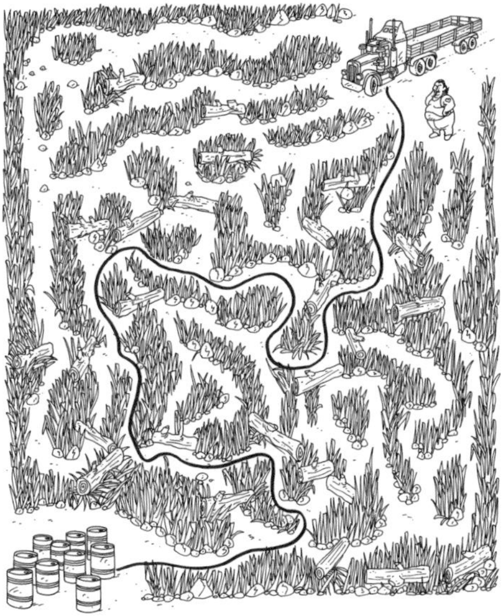

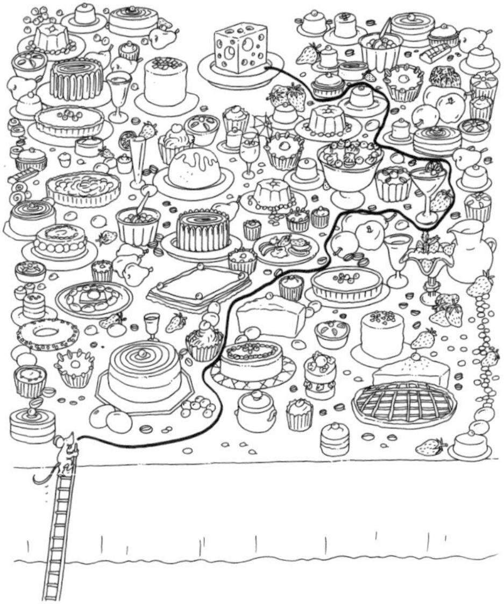

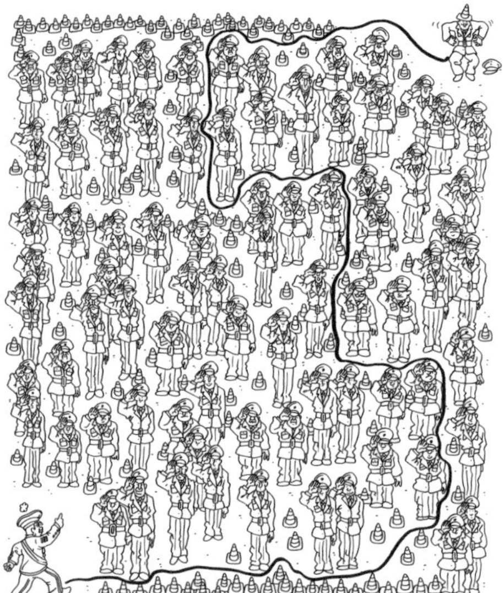

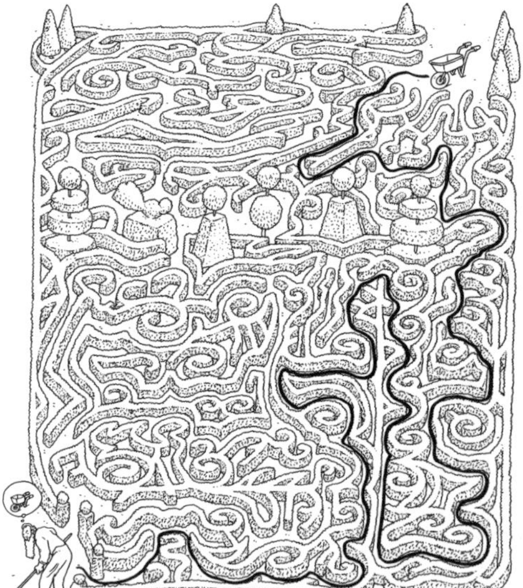

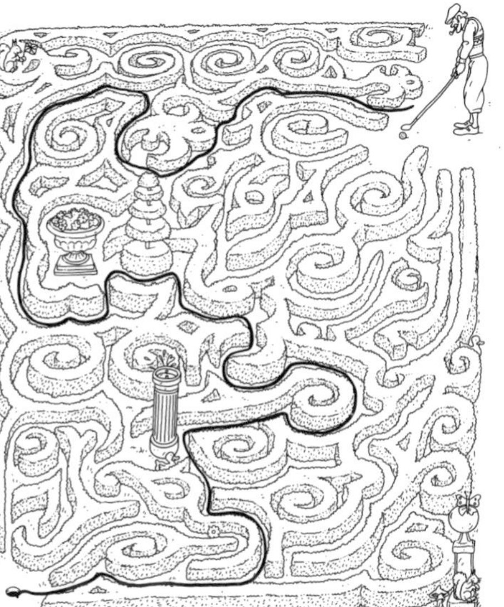

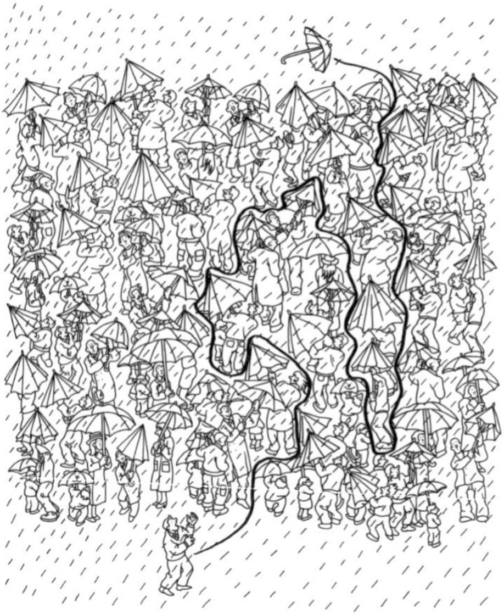

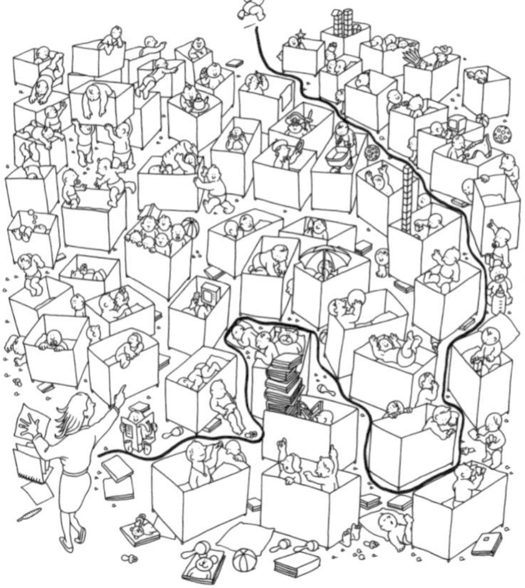

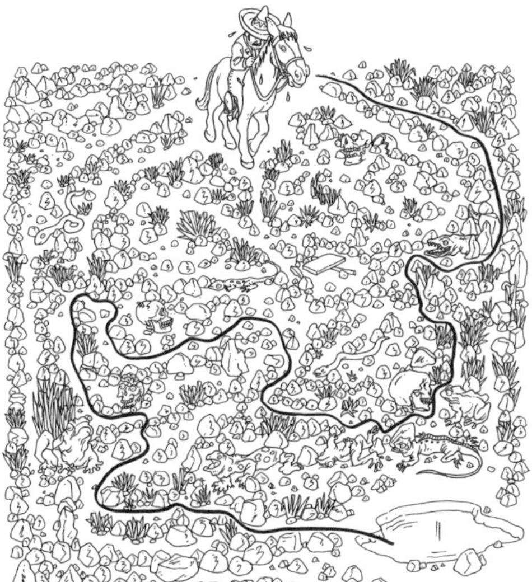

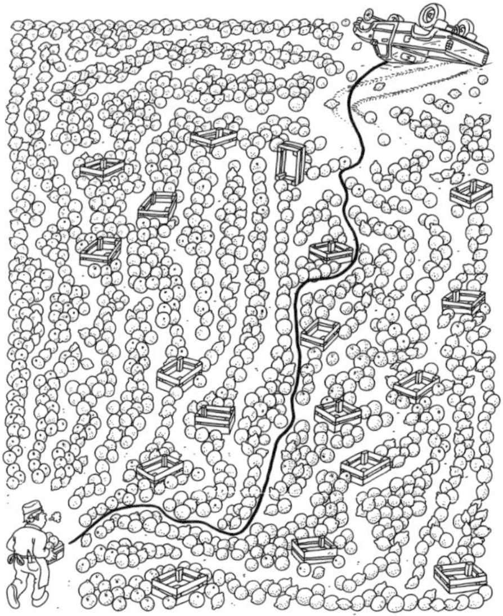

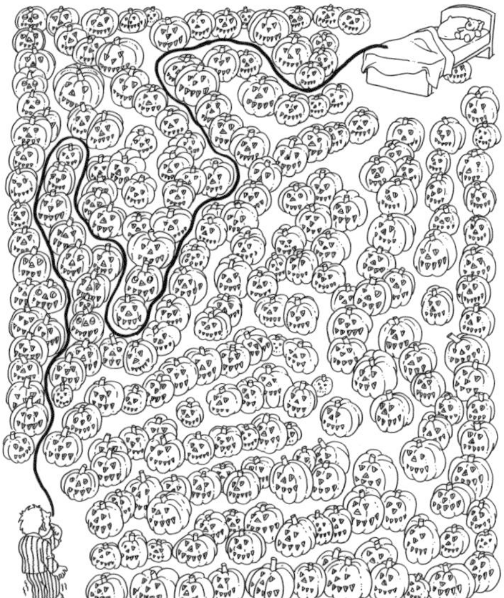

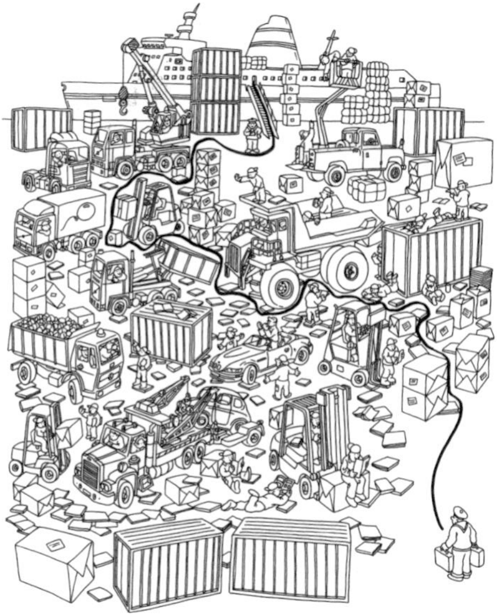

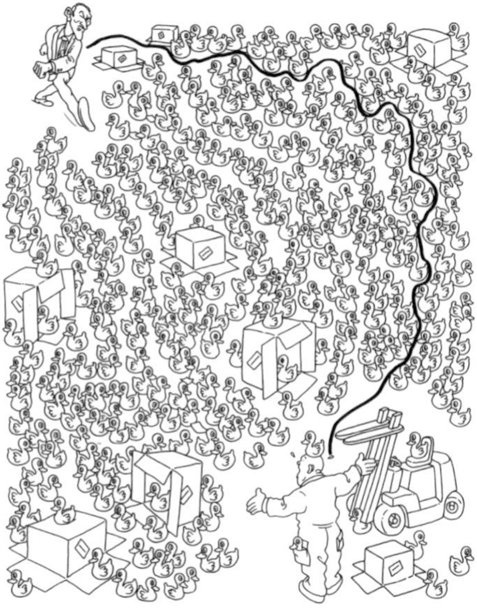

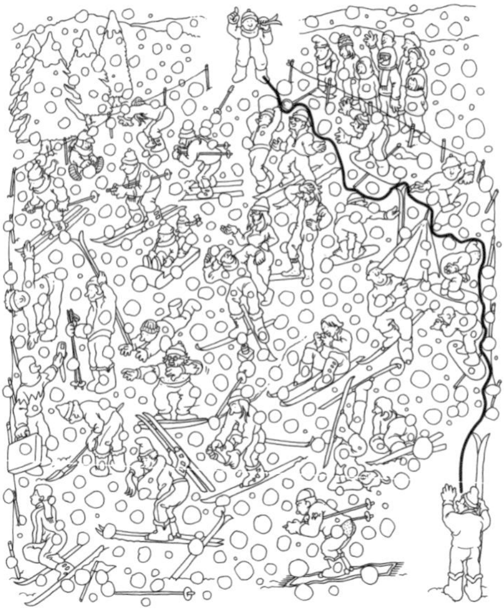
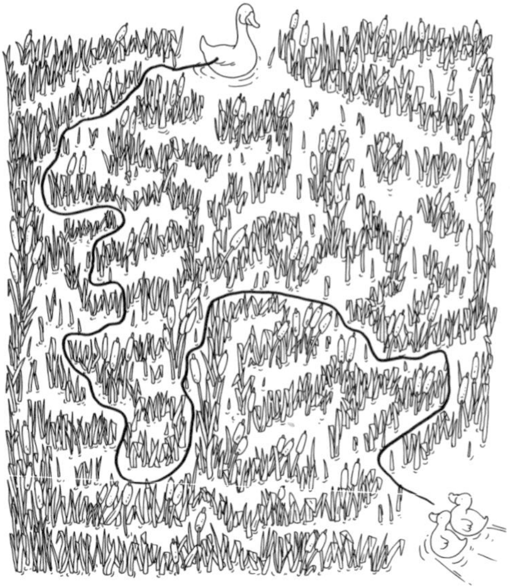

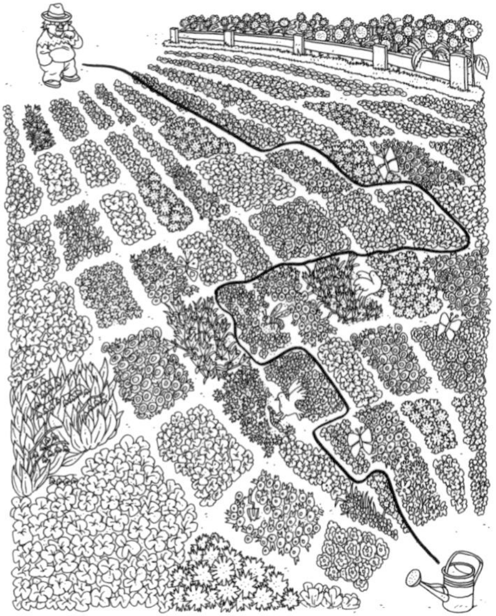

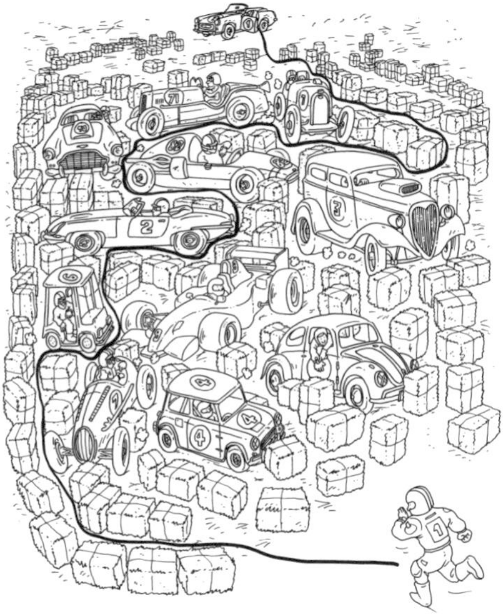

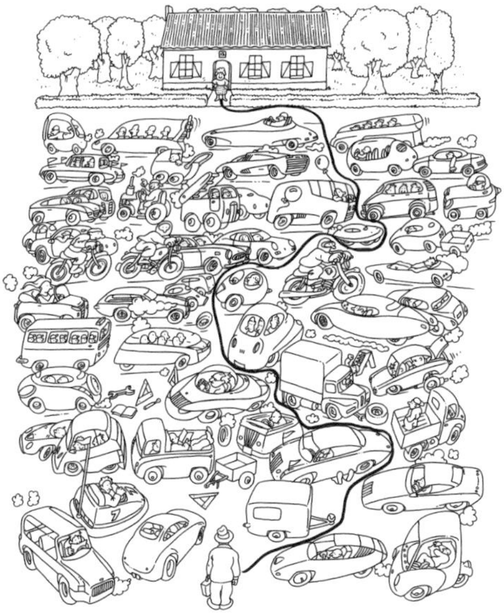

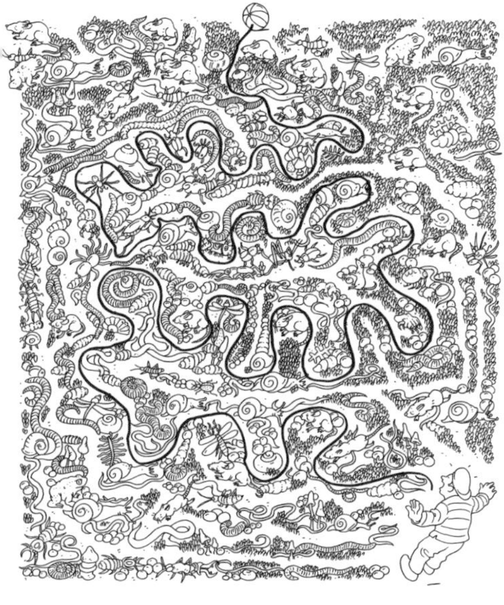

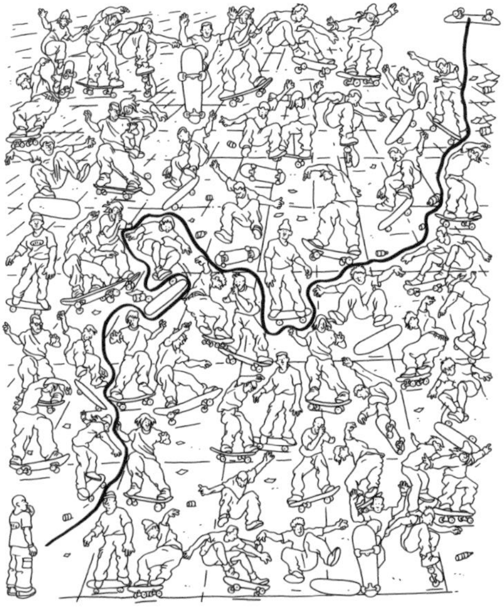

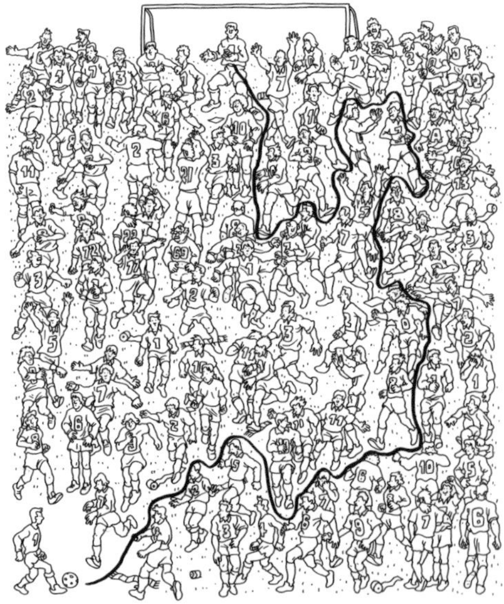

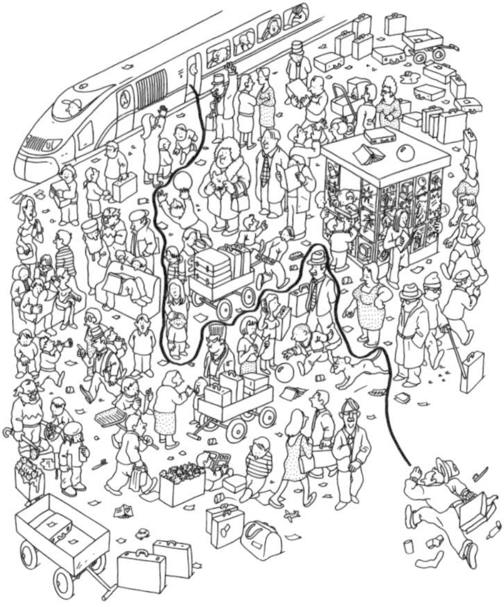

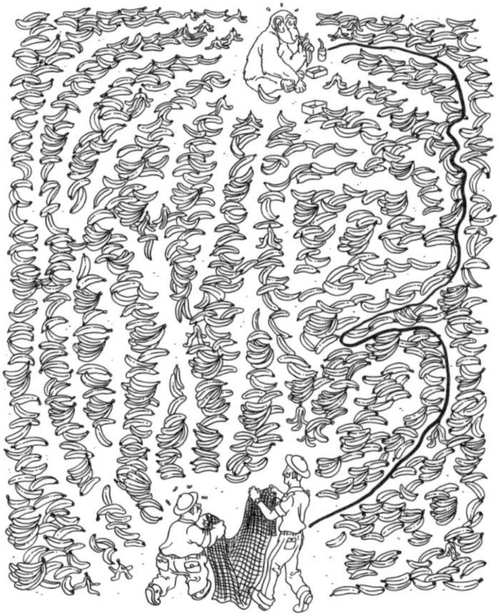